Dieses Buch widme ich wieder mit großer Freude

meiner Familie die mich in allen Lebenslagen unterstützt

und immer hinter mir gestanden ist und steht

und **allen meinen Kunden/innen**

ohne die ich mein Hobby, meine Leidenschaft, die Liebe zum Naturseifensieden und zur natürlichen Kosmetik nie zu meinem geliebten Beruf machen hätte können!

Das Leben wird nicht an der Zahl

der Atemzüge gemessen,

sondern an den Momenten,

die Dir den Atem rauben!

Viel Freude mit diesem Buch wünscht Ihnen

Ingeborg Josel

Impressum:

2012 Ingeborg Josel

Herstellung und Verlag: BoD - Books on Demand, Norderstedt

ISBN: 9783848229178

Fotos, Arrangements und Umschlaggestaltung:

Inges Seifenmanufaktur

Alle Informationen und Rezepte in diesem Buch wurden mit größtmöglicher Sorgfalt recherchiert, ausprobiert und geprüft. Weder der Verlag noch die Autorin übernehmen Haftung für die Anwendungen und Rezepturen. Die juristische Haftung ist ausgeschlossen und weder der Verlag noch die Autorin übernehmen keinerlei Verantwortung für etwaige Verletzungen, die im Zusammenhang mit der Herstellung und Verwendung der in diesem Buch vorgestellten Produkte auftreten.

Alle Angaben entsprechen Empfehlungen und ersetzen auch nicht den Besuch beim Arzt!

Badepraline, Badezusatz und mehr

Bade Kosmetik einfach selber machen

Ingeborg Josel

Was passieren könnte...

- ihre Haut könnte sich besser anfühlen als je zuvor

- sie könnten viel bewusster die Entspannung in Ihrem Bad genießen weil Sie ja wissen, was genau Sie an Ihre Haut lassen

- ihre Freunde werden aus dem Staunen nicht mehr rauskommen wenn Sie Ihre selbst gemachten Wellness-Badestücke mitbringen

- und – Vorsicht – sie könnten sich (so wie die Autorin selbst) mit dem „Selbermacher-Virus" infizieren – diesen wieder loszuwerden ist nahezu unmöglich...

Wenn man einmal die Freude an der selbstgemachten Badekosmetik entdeckt hat und die vielen Vorzüge der selbst kreierten ganz besonderen Wellness-Wohlfühl-Produkte für sich entdeckt hat bleibt man zumeist dabei.

Das Leben ist ja so einfach. Genau so einfach wie seine eigenen Badekosmetika selbst herzustellen.

INHALT

Einleitung	10
Was versteht man unter Badekosmetik?	14
Die Grundausstattung	17
Die Zutaten	
Öle/ Fette/ Wachse	18
Weitere Zutaten	22
Emulgatoren	28
Düfte	31
Farben	37
Formen	39

Die Rezepte:

Badepralinen mit Emulgator	42
Cremige Rosenbadetörtchen mit Ziegenmilch	46
Badepralinen mit Ziegenmilch	48
Inges Lieblingspflegepeeling-Rezept	49
Ölpeeling/ Pflege-Badesalz	49
Zucker-Fuß-Peeling	50
Pflegende Badetabs mit Meersalz	50
Prickelnde Badekugerln	52
Pflegende Duschmilch	57
Erfrischendes Lemongras-Duschgel	58
Fruchtiges Sommerfeeling-Duschgel	60
2 in 1 Pflegende Duschbutter-Seifchen	61
Rosenblüten-Molke-Badesalz	62
Lavendelmilch	63
(Erdäpfel-) Stärke Bad	65

Badeöl	66
Badeöl mit Emulgator	66
Erkältungsbad	67
2-farbiges Badeöl	68
Badesalz	68
Badesalzschäume-Badesalzträume	70
Romantisches Rosenblütenbadesalz	71
Pflege-Shampoo	73
Shampoo-Barren – Shampoo in fester Form	75
Gesichtsreinigungs-Pflegestück	76
Creme de la creme Milchpflegepralinen	77

Einleitung

Wie kommt man auf die Idee seine Pflegeprodukte selber zu machen? Es ist ja so einfach und naheliegend.

In dieser Zeit, wo sich unsere Welt immer schneller dreht und alles noch viel schneller produziert und u.a. auch immer billiger hergestellt werden muss, macht man sich so seine Gedanken wieder auf das ursprüngliche (einfachere) Leben zurückzukommen.

Das schöne ist ja, wenn ich mich fürs einfach selber machen entscheide, kann ich die im Handel erhältlichen „Designerkosmetika" preislich weit unter- und in der Wirksamkeit weit überbieten!

Seine Badekosmetik selber machen verbindet auch wieder die Menschen. Zumeist ist dies ein guter Anlass sich zu treffen und zB gemeinsam mit seinen Freunden/innen zur Tat zu schreiten. Probieren Sie es einfach aus – sprechen Sie darüber, dass Sie ihre Badepralinen selber machen und Sie werden positiv überrascht sein, welches großes Interesse Ihre Bekannten zu diesem Thema bekunden!

Ein weiterer wichtiger Aspekt warum man seine Badekosmetik selber machen könnte:

Früher gab es weit weniger Unverträglichkeiten und Allergien als heute – die Leute hatten noch Zeit miteinander zu reden und sich vor allem zu treffen (Mobiltelephonie und Internet gab es ja noch nicht) – man hatte einfach mehr (Lebens-)Qualität.

Und genau das sind die Ansätze, die mich dazu bewegt haben wieder das traditionelle und das natur pur Leben aufzugreifen. Was der Garten hergibt wird für mich und meine Familie verarbeitet. Da weiß ich genau was drin bzw. dran ist. Unser Leben gestalten wir weitaus ruhiger und sich mit der Familie und Freunden persönlich zu treffen hat einen ganz hohen Stellenwert. Wo es geht, leben wir unser – wie ich es gerne tituliere – naturnahes Leben. Hat nichts mit dem Bio-Wahn oder sonstigen werbewirksamen Aussagen zu tun.

Einfach nur wieder ein G´spür für uns, unseren Körper und unser rundherum zu entwickeln und dieses auch mit in unser Leben nehmen.

Was genau Sie für sich von diesem Buch mitnehmen obliegt ihnen selber.

Viel Freude beim Ausflug in die vielfältige Welt der wunderbaren Badekosmetik.

Badekosmetik selber herzustellen ist wirklich nicht schwer und macht viel Freude.

Natürlich bedarf es etwas Übung, aber das Resultat ist Ihre eigene Badekreation.

Sie haben die Kontrolle über alle Zutaten, die später Ihre Haut berühren sollen. Die Wahl ob prickelnd oder pflegend im Vordergrund stehen soll, wie Sie die Zutaten am Besten wählen um das Produkt zu erhalten, welches Sie sich vorstellen und Sie alleine können entscheiden, ob Ihre Haut ganz nach dem Motto "natur pur" ohne Duft- und Farbstoffe verwöhnt werden soll oder lieber duftig echte reine ätherische Öle und pflanzliche Farbstoffe enthält – der Künstler sind Sie!

Ein Wohlfühlbad am Abend vor dem zu Bett gehen kann entspannen und somit für eine ruhige und regenerierende Nacht sorgen.

Auch bei eventuellen Schlafstörungen kann ein Bad am Abend den Schlaf erheblich verbessern.

Das warme Badewasser und der herrliche Duft der Kräuter und Essenzen können nicht nur die Seele streicheln sondern darüber hinaus Entspannung hervorrufen, die wir in unserer so schnell-lebigen Zeit mehr als nur ein bisschen brauchen. Entschleunigen ist das dafür passende Wort.

Und wenn die Haut -als unser größtes Organ des Körpers- dann darüber hinaus auch noch rundum mit Pflege versorgt ist als ob man sich eingecremt hat nach dem Bade, ist die persönliche Wellness-Oase perfekt!

Was versteht man unter Badekosmetik?

An und für sich immer eine Art Waschsubstanz.

Und darüber hinaus – viel viel mehr!

Sich mit der für sich richtigen Badekosmetik zu verwöhnen macht ihr Badezimmer daheim zum Wellness-Tempel!

Wellness bedeutet übersetzt *Wohlbefinden*.

- also Wohlbefinden für Körper, Geist und Seele -

Lassen Sie sich verführen von den anregenden, beruhigenden und großartigen Düften!

Genießen Sie die natur pur Pflege für Ihre Haut!

Nun – was für Arten von Badekosmetika stellen wir in diesem Buch vor?

Von den edlen Pflegebadepralinés über das sprudelnde Prickel-Badebömbchen bis hin zu sinnlichen Ölbädern.

Herrlich pflegende Duschmilch – die natur pur Alternative zu Duschgels.

Pflege-Shampoo für die verschiedenen Haartypen – sie selbst entscheiden über die Wirkstoffe.

Auch Badesalze und Badepulver werden hier genauer erklärt – warum verwende ich was? Und genau das ist das spannende – am Ende des Buches können Sie sich für das entscheiden, was Ihnen am meisten zusagt!

Badekosmetik hat immer einen Hauch von Luxus – wenn man(n) oder Frau sich schon die Zeit nimmt sich mit einem Vollbad zu verwöhnen nimmt man sich auch liebend gerne hochWertige Badezusätze mit dazu.

Zur Badekosmetik

Je nachdem was für Ansprüche man an seine eigenen Badezusätze hat kann man sich dafür entscheiden, was genau man machen möchte.

Prickelnde Badebomben (am besten bunt) für den lustigen Badespass für u.a. auch Kinder oder lieber die edlen ganz langsam im Badewasser zergehenden Badepralinés welche die Haut mit einem ganz besonderen Hauch von Pflege umhüllen – oder lieber eine anregendes und doch auch pflegendes Salzbad abgestimmt auf die unterschiedlichen Stimmungen – die herrlichen reinen ätherischen Öle unterstützen natürlich wie auch die verschiedenen Kräuter die jeweilige Wirkung.

Die Grundausstattung:

- Den ganz normalen Herd bzw. eine Herdplatte um die festen Öle schmelzen zu können

- digitale Waage zumindest auf Gramm genau – es empfiehlt sich auch gleich für die Naturkosmetik eine sogenannte Feinwaage zu erwerben, welche auch Milligramm anzeigen kann.

- Rührlöffeln und Silikonspatel zum Arbeiten

- Mind. zwei Schüsseln für die unterschiedlichen Massen welche gerührt werden ca. 1/2lt. Inhalt

- Einen Topf mit dem man die festen Öle einschmelzen kann (ca. 1Liter Fassungsvermögen reicht)

Und einen Platz, wo man seine Badepflegestücke auch in aller Ruhe fest werden lassen kann.

Über die Zutaten:

Welche Zutaten kann ich zB verwenden?

Zum ersten: immer frische und reine Zutaten - die Wahl ob Bio-Rohstoffe oder nicht Bio-Rohstoffe ist jedem selbst überlassen.

Wir legen das Hauptaugenmerk auf natur pur und wo möglich auf Regionalität. Gute Qualität aus der Region hat bei uns immer den Vorrang.

Öle/Fette/Wachse

Bienenwachs: (gehört zu den Wachsen – nehmen wir als Öl/Fett mithinein)

Hautpflegend, antibakteriell, duftet als naturgelbes Bienenwachs herrlich nach Honig und gibt in kleinen Beimengen sehr gute Konsistenz

Distelöl: Leichtes, sehr hautpflegendes Öl welches sich auch hervorragend für Ölbäder anbietet

Jojobaöl: hat die Fähigkeit die Elastizität der Haut zu erhöhen, hält die Feuchtigkeit in der Haut und ist auch für sensible Haut (und auch Haar) eine sehr hochwertige Pflege

Tipp: bei strapazierten Haarspitzen tun eine paar Tropfen Jojobaöl auf die Spitzen wahre Wunder…

Kakobutter: Sanfter Glanz auf der Haut, sehr angenehm pflegend – kann auch den herrlichen Kakaobutter-Duft mit auf die Haut bringen

(wird zumeist in grossen und kleinen „Pellets" angeboten)

Kokosöl: Ein hervorragendes Öl- sehr pflegend und feuchtigkeitsspendend

Mandelöl: Ein schönes hautpflegendes Öl auch für sensible Haut sehr geeignet

Mangobutter: Sehr reichhaltiges Öl, welches schnell einzieht und pflegt – macht u.a. Pralinen härter in der Konsistenz.

Olivenöl: Schon die alten Griechen schätzten seine heilende Wirkung in der Hautpflege und Heilung, unter anderem bei Verbrennungen oder Rissen. Dabei wurde in der Antike das Öl nicht nur als Heil- oder Nahrungsmittel gesehen, sondern auch als wertvoller Bestandteil der täglichen Schönheits- und Körperpflege.

In seiner Fettsäuren-Zusammensetzung ähnelt das Öl dem menschlichen Unterhautfettgewebe und eignet sich daher besonders für die tägliche Hautpflege. Einen wichtigen Inhaltsstoff des Öls stellt das natürliche Vitamin E dar, welches für eine elastische Haut sorgt und vor freien Radikalen schützt. Das native Öl hat rückfettende Eigenschaften, schützt daher vor Austrocknung der Haut und kann Trockenheitsfältchen mildern. – also ein sehr vielfältiges Öl.

Rapsöl: REGIONAL(!) hochwertiges Öl auch für empfindliche Haut, mild.

Sheabutter: Samtiges Öl in fester Form, welches aus den Nüssen des Sheabaumes gewonnen wird. Es ist extrem sanft und pflegend für die (auch empfindliche) Haut – macht die Haut streichelzart

Rizinusöl: Ein sehr pflegendes Öl welches Glanz gibt – auch sehr gut in der dekorativen Kosmetik wie zB für Lipgloss.

Traubenkernöl: Ausgezeichnete Eigenschaften: bindegewebsstraffend, hervorragend bei fetter und unreiner Haut, Akne

Sonstige Zutaten:

Natron (=Natriumbicarbonat) – auch verwendet in der Backküche (Kaisernatron).

Enthärtet das Wasser und macht die Haut streichelweich und wird auch als anti-aging Wunderwaffe in der Kosmetik tituliert

Gut zu wissen – Natron vertreibt u.a. auch zuverlässig Ameisen – einfach Natron vor die „Ameisenschlupflöcher" streuen – und die Ameisen ziehen aus

Stärke (Erdäpfel- oder Maisstärke)

wir verwenden ausschließlich Erdäpfelstärke von der tollen Knolle!

Herrliche Beigabe zur Badekosmetik – Erdäpfelstärke kann gereizte Haut beruhigen und glättet die Haut. Darüber hinaus wirkt die Erdäpfelstärke auch noch leicht straffend für das Bindegewebe. Die tolle Knolle ist auch in der Kosmetik sehr sinnvoll.

Milchpulver (Ziegenmilchpulver)

Umschmeichelt die Haut ganz zart – herrliche Beigabe in Pulverform - Ziegenmilch gilt als bestens verträglich auch bei sehr sensibler Haut!

Zitronensäure:

Lässt die Badebomben sprudeln – lebensmittelechte Zutat in Pulver/Griess-Form – fein gemahlene Zitronensäure gibt immer eine feinere Oberflächenstruktur

SLSA :

Ein mildes pflanzliches (Kokosöl und Palmöl) Tensid (=Waschsubstanz) in Pulverform welches ebenfalls reichlich Schaum ins Bad bringt. SLSA (Sodium Lauryl Sulfoacetate) ist von BDIH Verband für Naturkosmetik zugelassen und von Ökotest empfohlen - Ideal für Badebomben, Badepralinen, Milch/Salzbäder …

Betain:

ebenfalls ein mildes Tensid – auch gut bei empfindlicher Haut geeignet – tolles Tensid für u.a. Shampoos und Duschzusätze wie Duschmilch oder Duschgel

Plantapon:

Herrlich milde Basis für Shampoo und Duschgel – einfacher geht's nicht mehr! Dieses flüssige Tensid ist auch ecozertifiziert und für naturkosmetische Haut- und Haarpflegeprodukte sehr empfehlenswert.

Haarsoft:

Mildes Zuckertensid – macht Haar und Haut supersoft!

Blütenwässer / Hydrolate/ Duftwässer:

Bei der Wasserdampfdestillation von Blüten erhält man Hydrolat (also Blütenwasser) und Öl (die herrlichen äther. Öle). Hydrolate können vielfach verwendet werden – gemischt oder auch pur.

Rosenwasser – der „Allrounder" unter den Duftwässern. Wirkt sowohl leicht straffend bei reifer Haut, tonisierend bei unreiner Haut, beruhigend bei trockener Haut…
Darüberhinaus kann der herrlich blumige Duft der Rose die Stimmung positiv beeinflussen und erfrischen.

Hamameliswasser – Der „Reinemacher" bei zu Akne neigender, unreiner und grossporiger Haut.
Die Eigenschaften von Hamamelis sind u.a. adstringierend, entzündungshemmend, juckreiz-lindernd, kühlend und desinfizierend.

Neroliwasser – Mit dem Duft der Orangeblüte – kann unreiner Haut mit seiner regenerierenden, entzündungshemmenden und auch adstringierenden Wirkung helfen sich wieder zu entspannen und kann auch bei reifer und sensibler Haut mitreingenommen werden. Generell hautpflegendes Hydrolat.

Lavendelwasser – kann entzündungshemmend, kühlend, hautberuhigend wirken. Anwendung bei jedem Hauttyp und sehr gut verträglich. Besonders gute Eigenschaften, weil Lavendelwasser auch regulativ auf die Talgdrüsen einwirken kann, bei zB. fetter Haut.

Vitamin E (Tocopherol):

Pflege und milde Konservierung in einem - kann u.a. Öle stabilisieren damit sie nicht so schnell ranzig werden. Ergänzende Beigabe bei Ölbädern oder Duschmilch

Salz: Auch tolle Zugabe bei Badetabs

(Totes Meer)Salz hat sehr viele Mineralien und Spurenelemente. Himalaya-Salz (ein feines Steinsalz) ist in reiner Qualität in zB rosa erhältlich. Salzbäder können den Stoffwechsel anregen, entschlackend und hautreinigend wirken.

Kräuter (am besten getrocknet), **Blüten** (Lavendel, Rosen...), **Peelingstoffe** (Mohn, Haferflocken, Zucker, Granulate –zB Mandel-Olivensteingranulat...)

(Ton)erden – gibt es in verschiedenen Farbvarianten (gelbe Tonerde, grüne Tonerde, rosa Tonerde...) – kommt in die Massen mithinein und kann das Hautbild verfeinern (feinster Peelingeffekt) und bringt auch noch natur pur Farbe in die Badestückchen.

- Fluidlecithin BE (bei Badeölen herrlich zu verwenden, man muss die Badeöle aber vor Verwendung schütteln, weil sich das schwere Fluidlecithin gerne unten absetzt und – Fluidlecithin BE ist von brauner Farbe was bei zB Badebömbchen wenn Sie nicht eingefärbt werden auch ein sehr ansprechendes Kakaobutter-hellgelb ergeben kann.

- (Bienenwachs als Co-Emulgator und auch Konsistenzgeber einsetzbar)

- Mulsifan – synthetischer Emulgator von glasklarer Farbe und sehr gut für Badezusätze wie zB Badeöle geeignet – macht sogar leichten Schaum!

- Honig – weichmachend und entzündungs-hemmend

- Milch – am einfachsten in Form von Milchpulver

Wir verwenden am liebsten das hochWertige **Ziegenmilchpulver** – gibt der Haut Feuchtigkeit und zusätzliche Pflege – ist ideal für Milchbäder, Seife, Cremen und Badebomben. Es ist darüber hinaus auch noch reich an Vitaminen und Mineralien und gilt als besonders stoffwechselbelebend. Ziegenmilch Produkte sind zumeist auch hervorragend für Personen mit Hautproblemen geeignet.

- Sahne (zB bei Ölbädern)

Düfte, Farben und sonstige Zusätze

Ungefärbte und unbeduftete Badezusätze sind zumeist verträglicher bei sensibler Haut und auch für Allergiker geeignet (ACHTUNG ALLERGIKER!!! – auch bei den Ölen aufpassen – es kann auch zB bei einer Nussallergie zu Unverträglichkeiten kommen wenn Mandelöl verwendet wurde!!!)

Düfte:

Man kann sowohl mit reinen (echten) ätherischen Ölen arbeiten (die jedes einzelne für sich eine gewisse Wirksamkeit aufweisen können) oder zu synthetisch hergestellten Parfumölen greifen, bei denen es herrliche Duftnoten gibt, wie zB Flieder oder fruchtiges Papaya. Hier kann jeder für sich selber entscheiden was ihm lieber ist.

Bei den echten ätherischen Ölen ist auch immer darauf zu achten, dass es diese auch in verschiedenen Qualitäten gibt! – Ätherische Öle für Duftlampen zB sind zumeist nicht für kosmetische Zwecke zugelassen und sollten auch nicht dafür verwendet werden.

Bei solchen Ölen sind zumeist allergische Reaktionen vorprogrammiert. – Immer Etiketten genau lesen! – in der Praxis sieht man es auch zumeist als erstes an den Preisunterschieden. Gutes echtes ätherisches Öl hat seinen Preis!

Wir in Inges Seifenmanufaktur verwenden ausschließlich hochWertige ätherische Öle und Parfümöle, da wir auch die bei den echten ätherischen Ölen nachgesagten zusätzlichen heilsamen, wie zB. beruhigende oder anregende Wirkungen in unseren Produkten so sehr schätzen und auf der anderen Seite auch spannende Duftnoten wie zB Kokos oder Vanille mit in die Produkte bringen wollen.

Sich seinen eigenen Lieblingsduft zu gestalten ist etwas ganz besonderes - Jeder hat für sich selbst zumeist den für sich richtigen Riecher. Die Einsatz-Menge kann man nach eigenem Belieben variieren.

Zu den vielfältigen ätherischen Ölen gibt es reichlich sehr gute Literatur.

Sicherheitshinweise zur Verwendung von echten ätherischen Ölen:

Ätherische Öle werden über die Haut direkt aufgenommen – deshalb beim Zusammenmischen der Badezusatz-Rohstoff-Massen am Besten immer (Einweg)-Handschuhe tragen – in der Wanne selber verteilt sich die Konzentration ja mit der Menge des Badewassers und ist somit „ungefährlich".

Ebenso bei Kindern unter 3 Jahren wird empfohlen KEINE echten ätherischen Öle zu verwenden (auch die stillenden Mütter bitte dran denken da ja die ätherischen Öle über die Haut aufgenommen werden!!!)

Ein weiterer Hinweis - auch in der Schwangerschaft Zusätze mit ätherischen Ölen mit Vorsicht und ggf in Maßen genießen – jedes Öl hat seine Wirkung.

Hier bringen wir nur ein paar gängige „Klassiker"-Öle an:

Ätherisches Lavendelöl:

Wird aus den Blüten des Lavendel gewonnen und hat u.a. antibakterielle und entzündungshemmende Eigenschaften – ist ein klassischer Duft der in keinem Haus fehlen sollte (inkl. in den Schränken in Form von Lavendelduftsäckchen um einerseits Motten zu vertreiben und anderseits seinen herrlichen Duft verbreiten zu können) – kann beruhigend wirken.

Ätherisches Palmarosaöl:

Wird von einer Indischen Graspflanze gewonnen und hat dennoch eine sehr blumig duftige Note.

Herrlich zum Beimengen bei Blütenduftmischungen - kann stimmungsaufhellend wirken und der Duft hält sich überdies sehr gut.

Ylang Ylang:

Der Duft entspricht der Blume der Blumen – ist das wohl blütenduftigste ätherische Öl das man zum Verfeinern der edlen Blütennote verwenden kann. – von der Wirkung wird es als ausgleichend beschrieben und ist wie viele andere Öle auch entzündungshemmend.

Pfefferminzöl:

Auch wieder sehr antibakteriell – ein frischer Duft der in keinem Erkältungsbad fehlen darf

Eukalyptusöl:

Sehr intensiver Duft – findet man immer wieder in Erkältungsbädern – hat u.a. desodorierende Eigenschaften und wirkt überdies sogar insektenabweisend.

Ätherisches (Blut)Orangenöl:

DER Sommerduft – kann darüber hinaus auch noch gegen (wie auch das Orangenöl selber) bei der Reduzierung von Cellulite eine helfende Zutat sein!

Ätherisches Patchouliöl:

Da gibt es keine Kompromisse – entweder man liebt Patchouli oder man lässt es ganz bleiben – Patchouli ist auch optimal als Trägeröl zu verwenden, welches den stark flüchtigen Blütendüften auch zum Verweilen in den Badestücken verhilft. Ein stark erdiger Duft der überdies sehr hilfreich gegen Entzündungen und Bakterien ankommt

Teebaumöl:

Kräftiger Holz/Krautgeruch

Kann eine Menge – neben dem herrlichen Duft kann Teebaumöl auch antiviral und keimtötend wirken.

Ätherisches Zitronenöl:

Zitrusfrische Sommerlaune – so kann man den Einsatz von Zitronenöl als Beimischung nennen – ganz tolle Ergänzung bei u.a. Latschenkiefer oder Eukalyptusmischungen...

Ätherisches Lemongrasöl:

Lemongras wird auch in der Küche immer bekannter – zitrus-frische Duftnote mit dem gewissen mehr an Spritzigkeit. Aufmunternder flotter Duft der sich u.a. prima in Duschgels und Shampoos machen kann.

Äther. Rosenholzöl:

Rosenholzöl wird viel nachgesagt – von hautberuhigenden, entzündungshemmenden, krampflösenden und antiseptischen Wirkungsweisen bis hin zu nervenstärkenden und aphrodisierenden Eigenschaften

Farben und weitere Zusatzstoffe:

Naturfarben: Bunte Tonerden, Spinatpulver, Kakao, Rote Beete... - Einfach ausprobieren und selber die für sich selbst passenden finden.

Mögliche Farbergebnisse:

Tonerden je nach Farbe	rosa, grün, braun, gelb
Spinatpulver	grün
Petersilie getrocknet	duftiges grün

Kakao, Kaffee	braun – vorsicht – kann sehr leicht Wannen-Schmierer verursachen

Farbpigmente:

Pigmente sind weder wasser- noch öllöslich und können auch nicht über die Haut aufgenommen werden. Feinst vermahlen können sie gut Farbe in die Badekosmetik bringen.

Es gibt Farbpigmente in den verschiedensten Tönen (rot, blau, grün, rotbraun…)

Perglanzpigmente (glitzernde tolle Farbtupfer)

„Lebensmittelfarben" bitte in kleinsten Mengen (Tropfenweise) verwenden. Diese können bei zu hoher Konzentration ausfärben und können auch bei zu großzügiger Dosierung unter Umständen Haut und Haare mit einfärben – also mit Vorsicht zu genießen – auch da wieder – weniger ist mehr!

Die Formen für die Badestücke:

Der Kreativität, der eigenen Einstellung zu Materialien und dem Erfindungsgeist sind auch hier kaum Grenzen gesetzt– Auch hier wieder der Hinweis – alle Formen, welche für die Badekosmetik-Herstellung verwendet wurden sollten auch ausschließlich dort verbleiben.

„Muffins" mit Lavendelduftöl-Geschmack sind nichts für den Verzehr – und die herrlichen Duftnoten haften sehr gut in den Formen!

Silikon(Einzel-)Förmchen – sehr praktisch für die Waschstücke in zB Blütenformen – Vorteil: lassen sich herrlich waschen und die Badepralinen gehen sehr gut und einfach raus.

Es gibt auch entzückende Silikon-Pralinen-Förmchen aus dem Küchentechnischen Bereich, die sehr dekorativ aussehen.

Eiswürfelförmchen tun ebenfalls sehr gute Dienste.

Man kann auch das „Innenleben" von Pralinenschachteln sehr gut wiederverwenden.

Die unterschiedlichen Rezepturen:

Grundsätzliches:

Je mehr Pflege, desto weniger prickeln – die Kunst des Badezusatz selber machens besteht immer darin, die für sich richtige Zusammensetzung zu finden.

Die festen Öle (Kakaobutter, Sheabutter, Mangobutter) immer gaaaaanz schonend schmelzen, da diese ansonsten zu kristallinen Auswüchsen neigen – ist optisch nicht so hübsch, wenn es dennoch passiert, für die Wirkung kein Problem.

Die Rezepte:

Badepralinen mit Emulgator:

Badepralinen in Herzform mit Spinatpulver eingefärbt

70g Kakaobutter

30g Mangobutter

Ca. 8g Lysolezithin

Ätherische Öle nach Wahl

Empfehlung: 5 Tropfen Geranium, 10 Tropfen Lavendel und als „Basisnote" 2-3 Tropfen Patchouli

Oder wahlweise 20 Tropfen Parfumöl

- die Basis hilft immer die sehr flüchtigen Blumendüfte zu halten

Die festen Öle sanft schmelzen – zuerst die Mangobutter bis sie sich aufgelöst hat.

Und dann in die geschmolzene Masse die Kakaobutter einlegen und ebenfalls bei geringer Temperatur mit einschmelzen.

Das Lysolezithin kann man nach der Schmelze gleich in den Topf miteinwiegen.

Wenn die Masse vollständig zerlassen ist die ätherischen Öle mit einwiegen und dann noch ein wenig unter rühren abkühlen lassen.

Danach die hochWertige Öl-Mischung in die vorbereiteten Förmchen füllen und kühl stellen.

Wir geben den Pralinés 24 Stunden Zeit um langsam in Raumtemperatur fest zu werden. Dann kann man sie aus den Förmchen holen und bereits verwenden.

Schneller geht es natürlich wenn man sie im Kühlschrank erkalten lässt.

Cremige Rosen-Badetörtchen mit Ziegenmilch

100 g Natron
50g Zitronensäure
25g Erdäpfel-Stärke
15g Ziegenmilchpulver
25g Sheabutter

Trockene Farben (zB rosa Tonerde oder Farbpigmente) und äth. Öle oder Parfumöle nach Wahl

Die Sheabutter (also das feste Öl) ganz schonend einschmelzen.

Danach in einer Schüssel die trockene Zutaten abwiegen und gründlich durchmischen. Dann kann man die flüssige, inzwischen gut temperierte Sheabutter zugeben und zügig unterrühren.

Diese Masse dann in zB runde Silikonformen füllen und bei Bedarf ein wenig andrücken.

Obendrauf sieht eine Rosenknospe zur Deko immer toll aus.

Danach gute 24 Stunden aushärten lassen und dann kann man die Pralinés aus den Formen geben und im Bad genießen.

Badepralinen mit Ziegenmilch:
Baden wie einst Kleopatra

100g Kakaobutter

40g Sheabutter

30g Ziegenmilchpulver

1 Msp Tonerde (gelb, grün, rosa…) um dem Praliné Farbe zu geben

Ätherische Öle nach Wahl

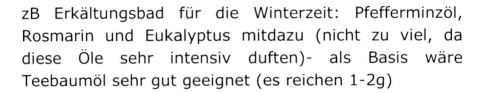

zB Erkältungsbad für die Winterzeit: Pfefferminzöl, Rosmarin und Eukalyptus mitdazu (nicht zu viel, da diese Öle sehr intensiv duften)- als Basis wäre Teebaumöl sehr gut geeignet (es reichen 1-2g)

Buttern einschmelzen, das Ziegenmilchpulver mitreinsieben, ev. grüne Tonerde dazu und gut einrühren.

Am Schluss die ätherischen Öle dazu und ab in die Förmchen. Diese Pralinen können gleich nachdem sie fest geworden sind verwendet werden.

Inges Lieblingspflegepeeling-Rezept:
Schnell, einfach und sehr effektiv!

– Einfach reines Olivenöl in eine kleine Schüssel geben, 2-3 EL Meer- oder Himalyasalz (je nach Belieben grobes oder feines – ich mische immer grob und fein zusammen) und mit diesem Öl-Salz-Gemisch einfach die Haut (am besten gleich in der Dusche oder Wanne) großzügig einreiben. Dann ganz normal wieder abwaschen. Diese Mischung macht die Haut superzart!!!

Öl-Peeling/Pflege-Badesalz

100g Salz mit 35g Öl (zB Mandelöl) und 5g Lysolecithin zu einem Brei vermischen und in eine Dose abfüllen.

Kann sowohl als Peeling unter der Dusche verwendet werden als auch als Badezusatz in der Wanne.

Nach Wunsch kann man natürlich auch diese Kreation beduften oder natur pur frei von ätherischen Ölen belassen.

Und noch ein Peeling – Zeigt her eure Füße...

ganz toll für feine Füße (und Hände)

Das einfache aber hochwirksame Zucker Peeling mit Zutaten aus der Haushaltsküche

3 EL Zucker

1 EL Olivenöl

1 EL Weizenkeimöl

Einfach Zucker und Öle in einem kleinen Gefäß zu einer zähflüssigen Paste verrühren.

Mit dieser Peeling-Zucker-Paste die Füße sanft massieren und ein paar Minuten einwirken lassen.

Dann die Füße einfach mit Wasser abspülen – fertig sind die gepflegten Sommer-Sandalen-tauglichen Füße!

Pflegende Badetabs mit Meersalz
Lösen sich langsam in der heißen Wanne auf – sensationelles Pflegegefühl auf der Haut! – Meersalz kann noch dazu die Haut straffen...

40g Kakaobutter

25g Zitronensäure

10g SLSA

50g Natron

6g Lysolecithin

50g Erdäpfelstärke

20g Sheabutter

20g Meersalz

1 TL farbige Tonerde nach Wahl

Zum Überduften nach Wahl ca. in Summe 20 Tropfen Parfumöl

Sheabutter und Kakaobutter gaaaaanz schonend einschmelzen. Und danach das Lysolecithin dazu.

Die Pulver (SLSA, Zitronensäure, Natron, Erdäpfelstärke und das Meersalz) zusammenmischen und dann das geschmolzene Öl dazu.

Zügig verrühren (wie bei einem Teig) und erst am Schluss den Duft mitreinmischen. Dann rasch in vorbereitete Förmchen gießen. Aushärten und trocknen lassen

Prickelnde Badekugerln

– auch Badebomben genannt

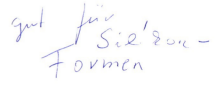
gut für Silikon-Formen

50g Natron

25g Erdäpfelstärke

35g Zitronensäure

30g SLSA

20g Mangobutter

10g Fluidlecithin BE

Nach Belieben entweder ½ TL Spinat gemahlen dazu (werden hellgrüne Bömbchen) oder rosa Tonerde (werden eben zartrosa Sprudelbömbchen); gibt ‚man keine Farben dazu bleiben sie zartgelb.

Ca. insgesamt 20 Tropfen Parfumöle

Oder in Summe ca. 12 Tropfen echte ätherische Öle

Die Mangobutter schonend einschmelzen und dann den Emulgator dazu.

Die Zitronensäure in die Schüssel einwiegen.

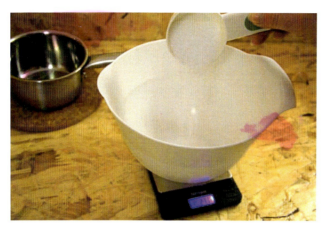

Dann das Natron am Besten über ein Sieb in die Schüssel miteinwiegen.

Die restlichen Pulver-Zutaten dazu und gut zusammenmischen.

Dann alle restlichen trockenen Zutaten die man sich wünscht

dazu und wieder gut vermischen

(zB. Rosenblütenblätter und für die Farbe rosa Tonerde)

Dann kann man das flüssige Öl/Emulgator - Gemisch in die Schüssel mit den trockenen Zutaten dazugeben.

Zügig unterrühren und nach Wunsch beduften. Die fertige Masse sollte ein wenig „anziehen" können (man merkt es an der Konsistenz).

Dann (falls mit echten äther. Ölen gearbeitet wurde) Handschuhe anziehen und mit den Händen entweder kleine Kugerln formen oder mit Acrylkugel-hälften (die man in jedem gut sortierten Bastelladen bekommt) Badekugeln formen.

Diese Kugeln aushärten und trocknen lassen – und fertig ist das sprudelnde Badevergnügen.

Wenn man möchte, kann man diese Masse auch in Förmchen drücken und hat dann zB prickelnde Seesternchen für die Badewanne.

Pflegende Duschmilch

mit hochWertiger Ziegenmilch

50g Betain

40g Ziegenmilchpulver

25g Mandelöl

20g Jojobaöl

10g Sonnenblumenöl

3g Vitamin E (Tocopherol)

3g Seidenprotein-Pulver

5g Perlatin

1 bis 2 Tropfen flüssige Lebensmittelfarbe

Nach Wunsch in Summe 25 Tropfen Duft (ätherisches Öl oder Parfumöl)

Das Betain mit dem Ziegenmilchpulver gut verrühren.

Die Öle abwiegen und gemeinsam mit dem Vitamin E in einer Schüssel vermengen.

Dann Betain und Öle zusammenmischen und die Wirkstoffe Seidenprotein und Perlatin dazu.

Wenn die Duschmilch g´schmeidig aussieht ganz am Schluss noch die Duftöle und die Lebensmittelfarbe dazu und gleich in passende Duschmilchfläschchen abfüllen.

Duschmilch frisch verbrauchen, da in diesem Rezept keine zusätzlichen Konservierungsmittel drin sind.

Wer einmal seine eigene Duschmilch verwendet hat wird möglicherweise die frische hochwertige Luxus-Pflege jedem herkömmlichen Duschgel vorziehen...

Erfrischendes Lemongras-Duschgel

Der schnelle Weg zum selbstgemachten Duschgel

Für ca. 100ml Duschgel:

Ca.1/3 der Flasche mit Plantapon füllen (natürl. Shampoobasis)

20g bis 30g Haarsoft (Tensid auf Zuckerbasis)

5g Seidenproteine

Und in Summe ca. 10 Tropfen äther. Lemongrasöl

Bei Bedarf 1 bis 2 Tropfen Paraben K pro 10ml Fertigmasse (Konserviert zuverlässig und empfiehlt sich bei Shampoo welches verschenkt wird – da man nicht weiß ob es gleich verwendet wird)

Normalerweise braucht man Shampoo für den Eigenbedarf recht rasch auf und es ist keine Konservierung notwendig.

Plantapon in die Shampooflasche füllen, das Haarsoft mit entw. Wasser oder noch feiner Blütenwasser (zB Rosenwasser oder Neroliwasser) auflösen.

In die Shampooflasche mit rein. Wirkstoffe mit dazu und ganz am Schluss Duft und ggf. Konservierer.

Schliessen und gut schütteln – Fertig ist das Shampoo!

Fruchtiges Sommerfeeling-Duschgel

50ml Neroliwasser

2 TL Olivenöl

1TL Hamamelis-Extrakt

30ml Betain

¼ TL Xanthan transparent

5 Tropfen äther. Blutorangenöl

Oder 10 Tropfen Parfumöl Papaya

Das Neroliwasser leicht erwärmen und mit dem Xanthan transparent gut verrühren.

Danach alle anderen Zutaten (und auch das Neroliwasser mit Xanthan) in ein vorbereitetes Duschgel-Flascherl füllen und kräftig schütteln. Das Xanthan-transparent wird erst nach ein paar Minuten seine „Gelform" erreichen.

2 in 1 – Pflegende Duschbutter-Seifchen

Zu verwenden wie Duschgel – mit der herrlichen Pflege einer hochwertigen Körpercreme – und das in 1 Duschgang

100 g Seifenraspel (am optimalsten aus pflegender Natur-Seife)

30 g Kokosöl

30g Sheabutter

30g Kakaobutter

100ml Wasser

Die feinen Seifenraspeln in ein Gefäß geben.

Das Wasser aufkochen.

Kokosöl und Sheabutter in einem 2ten Topf sanft schmelzen, dann die Kakaobutter mitrein und auch einschmelzen.

Die nun flüssigen Öle über die Seifenraspeln und auch das kochende Wasser darübergiessen – nun sollten sich die Seifenraspeln in der Wasser-Öl-Mischung auflösen. Mit einem Handmixer (Teigknethaken) kräftig rühren bis eine gschmeidige, gut verbundene Masse/Cremekonsistenz sichtbar ist.

Die nun streichfähige Masse in zB Silikonförmchen abfüllen und im Kühlschrank erkalten lassen.

Beim Duschen einfach „wie Seife" verwenden. Eincremen nach dem Duschen ist nicht mehr nötig. Wie praktisch.

Rosenblüten-Molke-Bad

Molke kann den Selbstschutz der Haut aktivieren und macht die Haut herrlich geschmeidig

25ml Rosenwasser

2 EL Magermilchpulver (oder 0,5lt. frische Molke)

Das Magermilchpulver in (ca. ½ lt.) warmen Wasser auflösen, das Rosenwasser dazu und ab in die Badewanne.

Ganz romantisch wird es wenn man eine Handvoll Rosenblütenblätter (entweder frisch aus dem Garten oder getrocknet) mit ins Badewasser gibt.

Lavendelmilch

Kleopatras Ziegenmilchbad

Entspannend mit Lavendel - frei von Ölen

Die g´schmackige Mischung für Badesäckchen

Badesäckchen (entweder Leinensäckchen oder noch einfacher Tee-Säckchen die man nach Gebrauch einfach am Kompost entsorgen kann)

15g Ziegenmilchpulver

25g grobes Meersalz

3 EL Lavendelblüten getrocknet

1 kleine Zimtstange

1 kleines Stückchen Vanilleschote (am Besten hebt man die Vanilleschote wenn man das kostbare Innenmark zum Kochen/Backen rausgeschabt hat, in gut verschließbaren Gläsern auf, um diese dann für zB Bäder zu verwenden)

Alle Zutaten gut vermischen, die Vanilleschote in kleine Stücke schneiden und dazu. Alles zusammen (inkl. Zimtstange) in ein dicht schließendes Glas geben und 1 bis 2 Wochen durchziehen lassen.

Nach Bedarf das Bademilchpulver Löffelweise in die Badesäckchen füllen und dann unter den Wasserstrahl des laufenden Badewassers hängen. Oder das Badesäckchen einfach ins warme Badewasser hineinlegen und die feine Wirkung der Zutaten, so wie einst Kleopatra genießen.

Das (Erdäpfel-)Stärke Bad

Hervorragender hautberuhigender Badezusatz bei gereizter und trockener Haut mit der Stärke der tollen Knolle.

Für ein Vollbad ca. 500g Erdäpfelstärke in kaltem Wasser auflösen (einfach mit einem Sprudel kräftig einrühren) und dann kurz heiß aufkochen bis die Stärke ihre „optisch gelige" Konsistenz erreicht hat. Diese Mischung ins Badewasser hineingeben und geniessen – (Vorsicht – ist sehr heiß – sollte also gut mit dem Badewasser vermengt sein bevor man selbst ins Bad steigt!)

Die wertvollen Inhaltstoffe des Erdapfels legen sich wie einen Schutzfilm auf die Haut, die dann nur noch leicht abgetupft wird – top auch bei empfindlichster gereizter Haut!

Badeöl – die einfachste Variante

100ml zB Rapsöl oder Olivenöl

20g Honig

25g Sahne (als Co-Emulgator)

Ca. in Summe 15 Tropfen echtes ätherisches Öl (zB Lavendel zum Entspannen oder Blutorange wenn man etwas Sommerfeeling ins Bad bringen will)

Alle Zutaten zusammenrühren und mit dem Badewasser in die Wanne geben. Gibt ein herrlich zartes Ölbad. – „Zum Anknabbern"

Badeöl mit Emulgator

50ml hochWertiges Pflanzenöl (zB Mandelöl)

7g Fluidlecithin BE

Ca. in Summe 7 Tropfen Parfumöl nach Wahl

Einfach gut zusammenmischen und vor der Verwendung nochmals gut schütteln und ab damit in die Badewanne.

Erkältungsölbad

Gerade in der kalten Jahreszeit spürt man Erkältungen schon wenn Sie im Anmarsch sind. Wenn man dies früh genug bemerkt (vor den Fieberattacken!) kann in manchen Fällen die körpereigene Abwehrkraft durch ein Erkältungsbad durchaus unterstützt werden.

Gerade beim Erkältungsbad sollten die Wassertemperatur ca. zwischen 38 bis maximal 40 Grad liegen weil ein zu heißes Wannenbad ansonsten den Kreislauf zu sehr belasten würde.

Also gehen wir ans Rezept:

100ml hochWertiges zB Mandelöl

mit 10 Tropfen Melissenöl, 10 Tropfen Rosmarinöl und 5 Tropfen Latschenkieferöl anrühren.

2 EL Honig miteinrühren und dann diese Mischung gleich ins laufende Badewasser einfliessen lassen. Dann verteilt sich das Ölbad auch immer am besten.

2-färbiges Badeöl

Wasseranteil:

25ml Betain

20ml „Wasser" (aqua dest. od. zB Rosenwasser)

3 bis 4 Tropfen Lebensmittelfarbe

ca. 5 Tropfen Paraben K

Ölanteil:

ca. 45ml Distel- oder Mandelöl

Alle „Wasseranteil-Zutaten" inkl. Farbe und Konservierer

mischen und in eine 100ml-Spritzflasche gießen (da ja hier die Optik sehr toll ist empfehlen wir natürlich glasklare Pet-Lotion-Flaschen.

Dann mit dem Pflanzenöl auffüllen und 20 bis 30 Tropfen Parfumöl nach Wunsch obendrauf geben.

Die Spritzflasche verschließen und gut schütteln.

Das Öl und die Wasserbasis vermischen sich zuerst und trennen sich wieder wenn man es stehen lässt. Das Öl wird einen helleren Farbanteil bekommen als die vorab eingefärbte Wasserbasis und dies kann zu sehr schönen Farbgebungen führen.

Ein Teil zwischen dem Öl und dem „Wasser" wird immer emulgiert bleiben (verbindet sich) was wiederum eine spannende schwimmende Zwischenlage in der Flasche ergibt.

Badesalz einfache Variante

Reines Meersalz reine Kräuter

Einfach Grobes (Totes) Meersalz und reine Blütenkräuter (Lavendelblüten oder Rosenblüten) zusammenmischen und in ein dicht schließendes Glas geben. Diese Badesalzmischung 1 bis 2 Wochen ziehen lassen und dann Löffelweise in die Badewanne geben.

Vorsicht(!) die Blüten sehen toll aus in der Badewanne, können aber wenn man kein Sieb einlegt beim Abfluss durchaus den Abfluss verlegen!

Mein Tipp: man kann die Blütenkräuter im Glas ganz unten ca. 1 bis 2 cm hoch einfüllen und das Meersalz darauf leeren. Die herrlichen Duftstoffe von zB reinen Lavendelblüten verteilen sich im Salz und man kann dann einfach die oberen Salzschichten für die Badewanne verwenden. Je nach Lust und Laune.

Badesalzschäume – Badesalzträume

100g Grobes Meersalz

15g SLSA

10g Milchpulver

Duft nach Wahl

Einfach alles Zutaten gut vermischen und dann ab in die Badewanne (für ca. 2 Vollbäder). Dieses Badesalz schäumt beim Auflösen in der Wanne.

Romantisches Rosenblüten Badesalz

400g grobes Meersalz

40g Jojobaöl

5g Mulsifan als Emulgator

20 Tropfen Parfumöl Rose

und gute 2 EL rosa Rosenblütenblätter

Alle Zutaten gut vermengen und in ein dicht schließendes Glas abfüllen.

Dann geduldig ca. 1 Woche abwarten und fertig ist das romantische Rosenblätter-Badesalz

Wenn vorhanden kann man auch noch ein paar frische Rosenblütenblätter aus dem Garten mit ins Badewasser legen was auch noch dazu optisch Romantik und Entspannung pur verheißt.

Pflege-Shampoo

Für ein 100ml-Shampoo-Fläschchen

Ca.1/3 bis Hälfte der Flasche mit Plantapon füllen

20g bis 30g Haarsoft in ca. 30ml „Wasser" (zB Rosenwasser) auflösen

3-5g Seidenproteine

3-5g Vithaar (Spezialextrakt aus Biotin)

3g D-Panthenol

Und Duft nach Lust und Laune (in Summe ca. 10 Tropfen)

Bei Bedarf 10-15 Tropfen Paraben K (Konserviert)

Man kann noch beigeben:

In Summe 20 bis 30 Tropfen diverse Kräuterextrakte und Wirkstoffe wie zum Beispiel: Brennesselextrakt und/oder Hamamelisextrakt bei fettigen Haaren, Calendulaextrakt, Teebaumölfluid, Brennesselextrakt bei Schuppen,

Squalan und/oder Gurkenextrakt und Aloe-Vera 10fach bei trockenen Haar, und um die Kopfhaut zu beruhigen.

Bei sehr trockenen Haar können auch ein paar Tropfen hochwertiges Öl (zB Wildrosenöl) hilfreich sein.

Wer sein Shampoo lieber bunt möchte:

Lebensmittelfarbe (MAX. 2 Tropfen auf 100ml!!!) und Perlatin gibt einen tollen bunten Perlmuttschimmer der sich sehr gut in glasklaren PET-Flascherln macht.

In Summe 15 Tropfen ätherisches Öl oder 15 Tropfen Parfumöl nach Wahl

Wie beim Duschgel werden alle Zutaten einfach in das vorbereitete Shampoo-Fläschchen gegeben, zumachen und fest schütteln – fertig ist ihr selbstgemachtes Pflegeshampoo.

Shampoo-Barren – Shampoo in fester Form

Ganz toll für Reisen – dieses Shampoo kann nicht ausrinnen

200g SLSA

15g Jojobaöl

5g Mandelöl

2g Lysolecithin

20g Glycerin

8g Rosenwasser

In Summe 25 Tropfen ätherisches Öl oder 30 Tropfen Parfumöl nach Wahl

Alle Zutaten gut vermengen (ACHTUNG – SLSA staubt microfein – besser Mundschutz verwenden) und in Förmchen giessen.

Dann braucht man viel Geduld! Die Barren sollten genügend Zeit zum Austrocknen bekommen bevor sie aus den Förmchen geholt werden – ansonsten können sie zerbröckeln. Das kann einige Tage dauern.

Dann kann man die Shampoo-Barren gleich verwenden – einfach ein paar Mal mit dem Barren übers angefeuchtete Haar rubbeln und die milde Pflege genießen. Ganz wesentlich für die Haltbarkeit ist, die Shampoo-Barren gleich wieder trocken aufzubewahren damit sie sich nicht vorschnell auflösen.

Ein Shampoo-Barren ist überdies noch sehr ergiebig – reicht für ca. 50 bis 60 Haarwäschen(!)

Gesichts-Reinigungs-Pflegestück –in fester Form

Milde Wasch-Pflege für das Gesicht

40g Kakaobutter

15g Sheabutter

15g Palmkernöl

7g Kokosöl

Ca. 5g Mandelmehl

Duft nach Lust und Laune

Kakaobutter, Sheabutter, Palm- und Kokosöl sanft einschmelzen. Diese flüssigen Öle solange wieder unter rühren abkühlen lassen bis sie ungefähr Pudding-Creme-Konsistenz haben. Dann wird das Mandelmehl zügig untergerührt und nach Bedarf mit entweder ätherischen Ölen oder Parfumölen veredelt.

Diese Masse wird in Förmchen gefüllt und wieder (entweder im Kühlschrank für die ganz Eiligen oder einfach bei Zimmertemperatur) stehen gelassen bis die Pflege-Stückchen ausgehärtet sind. Dann kann man sie bereits aus den Formen nehmen und verwenden.

Creme de la creme Milchpflegepralinen

Das cremige Milchbadvergnügen ohne Emulgator

50g Kakaobutter

20g Sheabutter

7g Kokosöl

50g Natron

22g Zitronensäure

15g Magermilchpulver

12g Erdäpfel-Stärke

15g SLSA

Die festen Fette zusammen schonend einschmelzen – wenn diese flüssig sind in die bereits abgewogenen Pulver/Puder giessen und kräftig umrühren. Abfüllen in kleine Silikonförmchen und gut auskühlen/härten lassen. Diese Pralinchen geben ein herrlich cremiges Badefeeling und eine wunderbar gepflegte Haut.

Auf Wunsch kann man noch mit bis zu 20 Tropfen Duftöl (in die leicht temperierten flüssigen Öle beimengen) seine Pralinen veredeln.

***

Diese Rezeptsammlung ist eine kleine Anregung fürs Badekosmetik selber machen. Die Freude am Ausprobieren kommt ganz von alleine und mein Tipp – immer gleich mitschreiben, wenn man eine neue Rezeptur ausprobiert. Nichts ist ärgerlicher als wenn man die für sich optimale Mischung gefunden hat und dann nicht mehr weiß wie viel wovon drin ist…

Wenn man sich einmal mit dem „Badekosmetik-Virus" infiziert hat geht man mit ganz anderen Augen durch die Geschäfte und findet mitunter auch Top-Bezugsquellen für den einen oder anderen Rohstoff bis hin zu Formen an die man vorher nicht gedacht hätte.

Und zu guter Letzt noch:

Wo bekomme ich meine benötigten hochWertigen Rohstoffe her? – Es ist ja so einfach...

> **Im eigenen Garten!!!** – wenn schon naturnah gepflanzt und gepflegt sollten die eigenen Kräuter bei der selbstgefertigten Badekosmetik nicht fehlen (getrocknet, als Kräuterauszug/Tee oder als Öle angesetzt)
>
> und alles was man sonst noch braucht - bei
>
> **Inges Seifenmanufaktur**
> **und kosmetische Rohstoffe**
> www.inges-seifenmanufaktur.at
>
> oder im
> **Seifenladen Graz**
> Mariatrosterstr. 285, 8044 Graz-Mariatrost

Stöbern Sie auf unserer homepage und wählen Sie aus dem bunten Strauß an hochWertigen Rohstoffen ihre ganz persönlichen Lieblingszutaten – wir liefern prompt zu Ihnen nach Hause!

Immer aktuell die Kurstermine fürs Seifensieden, die Badekosmetik… und die weiteren Angebote und Rezeptideen, welche für Sie entweder übers Internet über

www.inges-seifenmanufaktur.at

und natürlich auf facebook

ersichtlich sind.

Inges Seifenmanufaktur on tour

Nach Rücksprache bieten wir auch ab 10 Personen eigene Kurse bei Ihnen zu Hause oder in Ihrer Firma an. Fragen Sie einfach an unter

office@inges-seifenmanufaktur.at

Herzlichst

Ingeborg Josel

Seifensiederin aus Leidenschaft

Platz für eigene Notizen und Rezepte

Platz für eigene Notizen und Rezepte

Platz für eigene Notizen und Rezepte